CABEÇAS DA PERIFERIA:
TAÍSA MACHADO
O AFROFUNK E A CIÊNCIA DO REBOLADO

CABEÇAS DA PERIFERIA:

TAÍSA MACHADO

O AFROFUNK E A CIÊNCIA DO REBOLADO

Marcus Faustini
(org.)

Comentadores
Emílio Domingos
Sinara Rúbia
Isabel Diegues

Cobogó

MAPAS MENTAIS QUE LEVAM NOSSAS CABEÇAS ALÉM

Marcus Faustini

Como podemos conhecer uma cidade? Os modos de pensar, sentir e fazer de artistas e ativistas das favelas e periferias do Rio de Janeiro nos conduzem por caminhos que emitem um calor e uma claridade extraordinários. Nos fornecem um mapa mental acolhedor, tenso, ruidoso, envolvente, revelador, que reinventa limites, atravessa fronteiras, abrindo brechas para novos olhares que não escondem desigualdades, mas também engendram formas potentes de viver e criar. Nosso objetivo com a coleção Cabeças da Periferia é oferecer ao leitor uma escuta inédita de personagens emblemáticos daquilo que ficou conhecido como "cultura de periferia". Desde os anos 1990 a cidade do Rio é um dos laboratórios mais intensos desse universo, com várias gerações seguidas aumentando o alcance desta cena que mistura arte e ativismo, construção de redes e ação no território, estratégias de sobrevivência e de empreender coletivamente. É um fenômeno que dialoga com os grandes desafios urbanos, sociais, culturais e artísticos do mundo contemporâneo.

O futuro das cidades, como lugar de bem-estar para todos, depende de termos cada vez mais pessoas que possuam laços profundos com o espaço público. É na interação entre cidade, corpo e palavra que os agentes da cultura de periferia estão, e experimentam o digital e o virtual como extensão de suas potências. Passear pela cabeça desses artistas e ativistas pode ser uma bússola generosa para apreender sensivelmente o aqui e agora. Nossa coleção também é um gesto político de respeito ao pensamento desses criadores. Raramente a cultura de periferia é escutada como formuladora de ideias e conceitos. Muitas vezes o interesse, baseado numa ideia enviesada de inclusão, é apenas pela sua história de vida, de superação — deixando invisível a diversidade dos modos de pensar, criar e agir desses agentes. A convite da Cobogó, imaginei junto, curei e organizei a coleção. São entrevistas respeitosas, e também críticas, leves, mas intensas. Em cada livro conversamos com artistas e ativistas de periferia sobre suas visões de arte e de cidade. As respostas têm humor, sinceridade, teoria, esperteza e a fina delicadeza de flagrar um novo pensamento sobre si e seus fazimentos. A cada livro, convidamos também pesquisadores vinculados ao universo dos entrevistados para alargar a discussão e ampliar entendimentos. Realizamos essa jornada de forma on-line durante a pandemia do coronavírus. Este é, também, um registro de como, neste período, as mais diversas plataformas foram usadas para manter a chama do encontro e da imaginação acesas. É com muita alegria que ofertamos esses mapas mentais que nos levam além.

TAÍSA MACHADO

Em maio de 2020, em meio à pandemia de covid-19 e consequentemente da quarentena, encontramos numa vídeoconferência a artista, dançarina e ativista Taísa Machado, criadora do Afrofunk, para conversar a respeito de seu trabalho, de seu ativismo e de suas estratégias. Queríamos saber o que pensa Taísa Machado, como articula suas ideias, mobiliza seu entorno e o que projeta como resultado dessa mobilização produzida por seu trabalho. Reunimos um grupo de pessoas que pudesse provocar essa reflexão e essa troca. Juntamente com o escritor Marcus Faustini, também organizador dessa coleção de livros, convidamos como nossos comentadores Emílio Domingos, cineasta e pesquisador das periferias cariocas e seus personagens, e Sinara Rúbia, escritora e educadora. Participaram do encontro, ainda, a editora Aïcha Barat e a editora-chefe da Cobogó, Isabel Diegues, além de alguns ouvintes silenciosos da equipe da editora, curiosos para conhecer e ouvir Taísa. Faustini conduziu a conversa.

MARCUS FAUSTINI: Oi, Taísa. Bem-vinda!

TAÍSA MACHADO: Oi, gente, boa tarde. Desculpem o atraso, minha coluna tá travada, eu tô fazendo tudo lerdamente. Foi mal, aí.

ISABEL DIEGUES: Hoje estamos aqui, Taísa, para conversar com você, te ouvir. Queria dar as boas-vindas a todos, Taísa, Emílio, Sinara, e agradecer a disponibilidade e o entusiasmo com que aceitaram nosso convite. Nossa ideia é fazer desta conversa um livro. Vou passar a bola para o Marcus Faustini, que vai conduzir a conversa e nos guiar por aqui.

MF: Estamos em casa, e este é um bate-papo pra pensar seu trabalho, dialogar sobre o Rio de Janeiro, sobre arte. Primeira pergunta: Como você, Taísa, se narra? Narrar a si mesmo é uma coisa muito importante pra cultura da periferia. Como você conta tua história? Você pensa sobre isso? Qual seria a tua história como artista, como ativista de periferia? Quais foram os acontecimentos importantes que te colocaram nesse lugar? Como a tua história pessoal dialoga com a cidade?

Sobre narrar a si mesma

TM: É preciso se narrar, porque é assim que as pessoas ficam vivas. Tem um amigo meu, o Cruz, que fala que quem faz as coisas pra ter o nome na história tá fazendo errado, e ele diz que *faz* porque a coisa tem que ser feita. Eu discordo dele. Sou de uma cultura que acredita na história narrada, então, preciso contar a minha história pra que outras pessoas também contem a minha história, e pra contar as de outras pessoas. É assim que a coisa toda funciona.

Maneiro você me fazer essa pergunta porque a primeira coisa que eu quis fazer na vida foi ser igual ao meu pai. Meu pai e meu avô, na verdade. Eles eram duas pessoas que paravam o bar contando, falando, meu avô principalmente. Meu avô era cheio de frase feita, coroão de subúrbio, bebia pra caramba, cheio de máximas. A casa dele tava sempre cheia, e quando eu ia pro bar com ele — e eu sempre ia —, eu via todo mundo ouvindo as histórias do meu avô. Do mendigo ao dono do bar. Todo mundo parado, ouvindo meu avô. Eu achava aquilo demais, achava meu pai e meu avô as pessoas mais legais do mundo. Eles tinham mais amigos que todo mundo que eu conhecia. Eu achava eles incríveis.

Essa foi a primeira identificação com essa coisa de contar histórias, sabe? De teatro, de narrar, de prestar atenção no que acontecia, e inventar — porque eu via que eles mentiam muito também. Uma coisa eu entendi que fazia parte dessa narrativa: os dois andavam pela cidade, eram vendedores ambulantes, conheciam a cidade. E logo cedo eu fui andar pela cidade. Eu não morei no Rio a vida toda, dos 13 aos 17 eu morei no interior e com 17 eu voltei. E eu rodava. Adorava andar de trem, achava o trem sensacional, os camelôs sensacionais, e pensava: "Caraca, isso é teatro." Eu tinha uma piração nos camelôs. E foi assim que eu conheci o Tchatcho e o Adriano Cor, que eu chamava de Ném. Eles eram dois palhaços de rua, meio punks da Baixada Fluminense, coisa que eu nem sabia que existia. Eles faziam teatro no trem, no semáforo... Fiquei apaixonada pelo que eles faziam e comecei a seguir os dois, a ir com eles. Acho que até hoje, de alguma maneira, eu tô seguindo esses dois. Eu gosto das coisas feitas na rua, até porque algumas pessoas não têm outra opção. Não querendo romantizar essa ideia, mas eu gosto de prestar atenção nesse tipo de processo criativo.

Tá na rua

TM: Mais tarde, eu fui pro Tá na Rua, estudar com o Amir, e aí foi uma viagem tridimensional. O Amir Haddad mudou minha vida. É muito engraçado porque surgem perguntas sobre essa minha postura de mulher: Quem te ensinou? Quem te ensinou as coisas? Quem te ensinou a ser mulher? Aí eu falo: "Pô, a mim, quem ensinou foi o Amir Haddad [risos], foi um cara, tá ligado?" Sou muito grata a ele por ter soprado um ar na minha cara. E tudo isso que eu pensava do meu pai, tudo que eu pensava dos camelôs, já tinha alguém que falava e tinha estudado. Eu pensava: "Que maneiro, é só eu ficar aqui prestando atenção." Naquele momento, eu já era eu, mas me tornei ainda mais *eu* depois do Amir e do Tá na Rua.

MF: O que você aprendeu naquele momento como artista que coloca o Tá na Rua como algo central na tua formação?

TM: Aprendi sobre o ofício de ser artista, e mais que isso, aprendi a ter senso crítico. Aprendi que eu sempre soube que eu era mulher. Eu sou uma pessoa cis, sempre soube que eu era mulher, olhava pro meu peito, olhava pra minha buceta, olhava pra mim mesma e falava: "Eu sou uma mulher." Eu sempre soube que eu era preta, eu olhava pra mim e falava: "Eu sou preta, minha mãe é preta, minha tia é preta, meu avô é preto." Mas eu não sabia que porra isso significava. Eu sempre soube que eu morava na Baixada Fluminense. Na rua onde eu morava tinha carneiro, cabrito, galinha, porco. Eu tive uma vida completamente diferente da dos meus vizinhos. Morava numa casa grande, com uma piscina, e meus amigos vinham tomar banho. Na hora do almoço tinha uma amiga que ia pedir o resto da minha comida. Eu sabia que aquilo era uma coisa muito doida, mas não sabia o que significava. Foi no Tá na Rua, dançando, ouvindo o Amir, que eu fui achando meu lugar, entendendo como era o mundo. Quando eu saí do Tá na Rua, foi porque me dei conta de que tava tudo branco demais pra mim. O Amir diz assim: "O melhor ator é o que sabe o que fazer com sua liberdade." Ganhei a liberdade e percebi que não era mais ali que eu queria estar naquele momento. Eu precisava de um lugar mais preto. Saí e não sabia o que fazer. Fiquei com muito ódio do Amir e do Tá na Rua durante o maior tempão, porque eu falava: "Não tenho um diploma, não tenho nada pra apresentar pra ninguém. Não aprendi nada, não sei fazer nada." Mas aí quando eu tava num palco, ou conversando com alguém, eu pensava: "Caralho, eu aprendi isso no Tá na Rua."

O baile, a burca e o artista que se desenvolve na guerra

TM: Mas o que eu queria mesmo te responder é que uma vez eu tava no baile — eu já tava nessa onda, achava que o que eu fazia no teatro não era suficiente pra mim —, e eu tava no baile, e tinha um show de um MC que eu não vou lembrar o nome, e tinha uma dançarina com ele. Era um momento muito louco, era 2013, pegando fogo, e tinha um evento enorme no Complexo do Lins. Eu ia naquele baile todo sábado, e todo sábado devia ter umas 15 mil pessoas. Naquele dia tinha até mais gente, tinham duplicado o baile. Colocaram várias estruturas de ferro, dessas de evento, então, além da rua, você ainda podia subir num segundo andar. Nesse segundo andar tinha fruta, isopor cheio de Chandon, foi surreal, era o Pistão Folia,[1] o primeiro evento daquele tamanho que eu vi fazerem. Na entrada, tinha aquelas grades que separam as fileiras, igual Rock in Rio, e os caras com umas 7,62[2] na mão. Foi surreal o jeito que eu cheguei no baile. Nessa noite tinha o tal show desse MC com a dançarina. Ela era a famosa *gostosa*. Sabe quando você joga no Google "gostosa"? Aparece a foto de uma mulher tipo aquela. E ela tava de burca. Não uma burca ortodoxa, mas uma burca de show de funk, uma burcazinha que tapava só a cara. E dançando ela deu uma surra de bunda num cara. Surra de bunda é quando a mulher apoia os pés no ombro do cara e fica batendo com a bunda no rosto dele. Ela dançou pra caramba e os bandidos ficaram tão felizes com o show daquela mulher, que foram todos pra frente do palco. Eu tava lá na frente também. Não tinha reparado que tinha um bondão do meu lado, e quando os caras ficam felizes no baile, eles dão tiro pro alto. Se eu tivesse uma 7,62 na mão, ia dar tiro pro alto também que eu tava era feliz. E era aquele "plápláplápláplá", e os estilhaços batendo em mim. Só que eu não tava no palco, e ela tava. E ela não parou de dançar nem um segundo, não se distraiu, fez a porra do trabalho dela até o fim. Desde que eu vi essa mulher, eu pensei: "Ca-ra-lho! Olha como essas pessoas trabalham!" Era teatro o que eu estudava, tá certo que eu estudava com o Amir, teatro de rua, 360°, mas quando você vai ao teatro, quando vai nas peças, ou na Martins Penna — que foi onde eu estudei um tempo antes do Tá na Rua —, tem a coisa da concentração. Não se pode fazer barulho, cê não pode abrir nem o saco de pipoca. E aquela mulher tava ali, fazendo o trabalho dela, com estilhaço de bala pegando nela, entendeu?! Que artista é esse que se desenvolve na guerra? Não tinha nada ali, naquele momento, que pudesse ser melhor do que o que aquela mulher tava fazendo na nossa cara, no meio de 15 mil pessoas.

Eu não sei como me narrar nesse momento, mas com certeza eu tô trabalhando pra me narrar como eu narro essa mulher do baile. Uma pessoa que continua trabalhando no meio do caos todo porque sabe que esse caos vai continuar e ela vai seguir lá, plena, brilhando, persistindo, fazendo o trabalho dela. É essa artista que eu quero ser e que eu sou.

MF: Você falou que o Tá na Rua te formou. O baile também te formou? De que maneira? Você foi muito ao baile, pelo que entendi, na busca dessa identidade, de ação na cidade. O que tem no teu trabalho que vem do baile?

TM: Sempre me pergunto isso. O que tem no baile que faz dele a grande expressão do meu trabalho? E é muito no esqueleto, mais do que numa coisa que pode ser vista.

São coisas sutis. Por exemplo, no meu trabalho de dança não tem coreografia. Geralmente, nas aulas de dança você termina com uma sequência de passos. Não tem isso no meu trabalho porque não é assim que se dança funk. No funk só tem coreografia quando você vai fazer um show. No baile, quando abre uma meia-lua, uma rodinha, cada um vai pra onde quer.

Meu trabalho é treinar vários movimentos e incentivar uma certa autonomia nas pessoas pra que elas criem sua própria linha de dança. Eu nunca imaginei que ia trabalhar com funk ou que ia ter o Afrofunk. Não foi uma coisa calculada. Eu saí do Tá na Rua e não tinha dinheiro. Na época eu dançava dança afro e pensei: "Será que eu vou dar aula de dança afro?" Mas eu tinha medo, era insegura. Fazia aula com uma mestra, a Eliete Miranda, como eu ia dar aula? Pensei, então, que eu talvez soubesse fazer diferente, podia costurar uma coisa com outra... Não tinha ainda um nome. Quando eu ia pro baile, bebia, dançava, curtia, igual a todos os meus amigos, mas eu prestava muita atenção naquele ecossistema, e em como os artistas se apresentavam. Eu tinha o que eu aprendi com o Tá na Rua e com o Amir. Ali tinha um start. Nunca imaginei trabalhar com funk, não sei quando a chave virou, se foi quando eu vi aquela menina dançando. Não sei. O que eu sabia é que, inevitavelmente, alguma hora todo mundo ia ter que prestar atenção no funk.

A escrita e o baile funk

MF: Teve um momento, ali atrás no Facebook, que você se dedicou a descrever situações de baile em posts, em que você começou a escrever o teu texto. Um texto bom, que tinha um narrador diferente, uma mulher refletindo sobre o que acontecia no baile. O que eram aqueles textos? Todo mundo falava: "Já leu o texto da Taísa dessa semana? O que foi esse momento na tua trajetória como artista?

TM: Naquele momento, eu não sabia que tava escrevendo sobre o funk ou o que ia vir a ser o Afrofunk. Eu ia pro baile, achava aquilo alucinante, voltava, escrevia, mas não entendia muito ainda o que era.

MF: Qual texto daquela época você mais gostou, te deu mais prazer de escrever?

TM: Tem muita coisa que eu não lembro mesmo. Até queria lembrar. Mas o que eu mais gosto é um sobre uma história que aconteceu no Jacaré. Patricinhas me chamam muita atenção. Foi um rolé falando sobre isso.

EMÍLIO DOMINGOS: Mas qual era o rolé?

TM: Foi um rolé que a gente deu no Jacaré e, no meio do baile, a polícia invadiu, chegou atirando, deu mó confusão. Eu não sei andar no Jacaré direito. Sabia ir pro baile e sair do baile, não mais que isso. Na hora da correria a gente acabou entrando no labirinto da favela. Eu já tava incomodada desde antes com um amigo meu que levou uma amiga. A menina tava com uma viseira, que me incomodou muito. Todo mundo olhando pra gente. E ela com aquele comportamento de quem não consegue entender nada dali. Eu tava incomodada a noite toda. E tinha um gatinho me olhando, que não chegava

perto, depois chegava, falava uma coisa no meu ouvido...
Aí começou o tiroteio, saiu todo mundo correndo, e
quando a gente chegou no labirinto, ninguém queria dar
informação pra gente por causa da cara daquela garota.
Eu perguntava: "Como que eu faço pra sair daqui?" E
todo mundo olhava boladão e ninguém me respondia,
ninguém me dava oi, na-da. Eu fui andando. Não tinha
o que fazer, fui andando com aquela garota e o meu
amigo, e em algum momento dei de cara com o garoto
que tava dando em cima de mim mais cedo. Fui falar
com ele: "Que bom que eu te encontrei." Ele já veio todo
safadinho olhando pra minha cara e falando: "Vamo pro
meu bar, se eles fecham lá, eu abro o meu, vambora!"
Então, vambora! A gente foi andando e por sorte o bar
dele já era na Beira Rio, uma rua que eu conheço. Ele se
abaixou pra abrir a porta — nisso a bala tá comendo lá
embaixo. O bagulho tá acontecendo. No que ele abaixou
pra abrir a porta do bar, nem conseguiu se levantar. Já
tava uma mina com um chinelo na mão dando várias
chineladas na cara dele. Era a mulher dele, sacou?

MF: No meio do tiroteio!

TM: No meio do tiroteio, imagina!? A mulher saiu debaixo de tiroteio atrás dele. Imagina o ódio que aquela mulher tava. Eu saí fora, era o mínimo que eu podia fazer, senão a próxima a levar chinelada na cara era eu. E aquela garota maluca que não sabe como as coisas funcionam, ficou lá! Porque quis, sei lá, pra apaziguar a grande confusão e instaurar a paz mundial. Ela era a garota branca que achava que ia salvar a vida daquele casal.

"Porra mano, francamente, com todo respeito, não gosto, me solta. Isso sem dúvida não me faz ser a primeira da lista dos recebidos, tipo tudo bem, tem umas que são espertas, são aventureiras, ouso dizer tem disposição, mas tem aquela cara de maçã verde que nunca passa batida, não onde eu ando, não por onde eu vou.

Oh, pra você ver que não tô mentindo teve aquela vez que eu tava curtindo o Rio Parada Funk lá de boa e ae acabou! Fim! The end no furduncin!

Parti pro Rei do Gado (pra tu ver como faz tempo), lá no Jacaré, foi um amigo meu e uma amiga dele, a amiga dele tava com uma viseira furta cor que até hoje não sei se odiei por recalque ou porque nela parecia um letreiro luminoso repetindo insistentemente 'me assalte, me assalte!' mas ela tinha um mdzin muito pleno e aí neh, sabe como as coisas funcionam, pagando bem que mal tem...

O baile rolando naquele pic de domingo e eu incomodada porque meu amigo tava muito animadão demais rebolando com a cracuda até o chão e me desculpe aí a comunidade cracuda mas não dá, o Baile é um ambiente muito rigoroso com algumas questões, postura é fundamental e no livrinho das boas maneiras do baile de favela, ser marxista não tá incluso nos 10 mandamentos do funkeiro de raiz.

O MD tava bem pleno mesmo, compreensivo você querer ficar que nem uma bailarina da Deborah Colker rodando, olhando pro lado e se jogando em cima de alguém, mas tem que segurar a onda, não sarra no fuzil, não sarra no cracudo e se por algum motivo de vida ou morte você tiver que escolher uma das opções onde sarrar, pelo amor desse Deus misericordioso que morreu por nós, sarra no fuzil, neh!

(...)

E o Pretin veio falando não lembro o que e tudo muito divertido, tudo muito meczada, a vida voltando a ser boa, o md batendo, chegamos!

Era daquelas portas clássicas de bar, sem pintura, eu gosto desse estilo, fica punk rock futurista, metalizada, ele abaixou pra abrir a porta e antes que ele chegasse a ficar em pé novamente porém depois de alguém ter gritado 'Já tá aí de novo neh, Jeferson!' e toma-lhe uma chinelada na cara do Jeferson!

Nesse exato segundo eu já metendo o pé lynda, mas deu tempo de ver aquela mulher enfurecida gritar pelos filhos dela, xingar o doido, gritando sem parar, foi um baque, mas não dava tempo de nada a não ser meter o pé, andei rápido sem olhar pra trás e quando eu finalmente decido olhar, o que eu vejo? A porra da patricinha lá parada falando : 'Gentii voltaaa!' (caro leitxr, pra surtir efeito você precisa fazer voz de patricinha, assim meio afetada porém inteligente, sabe como é? então)... 'Gentíííí, volta! Ela tá muito nervosa, vamos conversar!'

Eu só respirei fundo e segui meu caminho rumo à liberdade como de costume, meu amigo também e a herdeira da Madre Teresa, mediadora do conflito da porra veio logo atrás, não entendeu, é simples, tiroteio até encaro mas chinelada de Mulé enfurecida tem como não, imagina, nem peguei o boy, só fiquei olhando, né nem justo! E cá entre nós tu acha que o Jeferson não merecia levar de Melissada na careta!!!

Não é que não respeito as garotinhas correria de Laranjeiras, eu não to nem aí mas pra andar onde eu ando e sair ilesa você precisa respeitar três regras básicas não seja boazinha, não seja um alvo e fique atenta!"

[Trechos de "Patricinhas não passam batidas", publicado no Medium de Taísa Machado em 18 de agosto de 2018.]

Like me

MF: E você gosta de ganhar *like*? Quando você começou a ganhar *like* nos seus textos isso mexeu com você de alguma maneira?

TM: *Like* dá ansiedade. É muito ruim. [Risos] Durante muito tempo, via vários amigos meus que conseguiam dialogar muito bem com as marcas, e eu não sei fazer isso. Até hoje fico na dúvida se eu quero aprender ou não. Tá todo mundo ganhando seu dinheiro, dialogando com marca, viajando de avião, e eu não. Eu sabia que isso tinha a ver com *like*, com seguidores, e não conseguia entrar nessa onda. Eu não sou blogueira. Já até tentei ser. Mas não sou! Não sei me maquiar, não gosto de me maquiar. Eu não gosto de ficar ali naquela merda. "Ah, mas você pode fazer sem maquiagem." Vai lá, vai lá, então, filha da puta! [Risos] É difícil. Hoje em dia, sou muito tranquila, já tenho um número aceitável de seguidores no Instagram. O Instagram já me considera uma pessoa, entende? Então, tô tranquila, não ligo muito, não. E agora que os números nem aparecem é mais fácil, ninguém sabe quantos *likes* você tem. [Risos]

MF: Mas a minha pergunta é: Naquele momento receber *likes* pelos textos que você tava se dedicando a escrever teve que efeito no teu projeto de artista? Você tava expressando o baile numa visão de crônica, a partir do ponto de vista de uma mulher. Isso te trouxe um reconhecimento?

TM: É porque não é linear, o tempo que eu fazia aquilo e o tempo que eu entendi o que eu fazia. Não tem ninguém pra te dizer que o que você escreve nesses lugares é alguma coisa. Sabe quando eu fui entender o que eu fazia? Quando eu li o livro do Geovani.[3] Quando eu li o livro do Geovani, eu pensei: "Ah, eu faço isso aqui também." Eu não sabia que eu tava fazendo aquilo. O Facebook é cheio de amigo, e eu pensava: "Que legal, meus amigos gostam do que eu faço." Eu não sabia, era no Facebook, não era livro, não era revista. No meu aniversário esse ano — eu sei que parece que eu sou muito fã, mas vai além, porque ele é meu *professor* — o Amir me mandou um vídeo de parabéns. E ele falava do quanto ele sentia orgulho de mim como artista, e eu pensei: "Caralho!" — pra mim, ali, sim, eu vi que eu tinha dado um passo.

O que é o Afrofunk?

MF: Tá certo, Taísa. E então, o que é, afinal, o Afrofunk no meio dessa tua trajetória toda? O que tem ali que vem do teatro, que vem do baile, que vem do debate que você encara em torno da mulher negra? É um projeto teu que tem grande repercussão. Cê já falou que tem prazer em atuar também, e o Afrofunk é meio performance, é meio pedagogia, é meio festa. O que é o Afrofunk?

TM: Ó, se eu for te falar o que é o Afrofunk que nem no projeto que eu mando pro Sesc, por exemplo, tá escrito assim: *O Afrofunk é uma fábrica de ações e conteúdos para o movimento funk com foco em equidade racial e de gênero.* Porque talvez isso seja o que eu quero que seja. Mas pra mim o Afrofunk no começo, de verdade, foi um jeito de ganhar dinheiro, de fazer uma coisa que a galera gosta muito, de arrumar justificativa pruma coisa que não precisa de justificativa, tá ligado!?

Não tô dizendo que não é maneiro. Não tô dizendo que não faça sentido. Porque faz *todo* sentido. E tem trabalho, estudo, identificação, mexe com as pessoas, dialoga com o que tá acontecendo agora. Mas eu não me esforço para que seja tudo isso. Entende? O Afrofunk começou explicando pras pessoas que tudo isso é criação. O que eu tô querendo dizer é que esse jeito de lidar com o corpo não é nenhuma novidade. Quando o Afrofunk começou, e por ele ser na Lapa — e por eu ser essa pessoa que transita, mas sei bem onde eu estaciono também —, as meninas que vieram, universitárias, tanto brancas quanto pretas, mas que são universitárias, e pensam como universitárias mesmo quando tá dançando funk... e mais as garotas brancas da classe média, que são muitas... tinha uma coisa de muito revolucionária naquilo praquelas pessoas. E isso me incomodava. Eu pensava: "Gente, tem uns 5 mil anos que as mulheres fazem isso. Por que vocês tão se achando tão especiais? Que grande descoberta é essa?" Depois fui entender que isso era meio arrogante da minha parte. Não era novidade pra mim, mas era mesmo revolucionário conhecer tudo aquilo praquelas mulheres.

MF: Para além da experiência corporal, tem uma mensagem tua que é dada durante a aula, você dedica tempo às palavras. Tem uma preocupação com essa mensagem?

TM: Não é preocupação com a mensagem. Foi o jeito que eu encontrei. Eu trabalho com dança não porque eu escolhi trabalhar com dança. Eu trabalho com dança porque eu sabia dançar e precisava de dinheiro. Não sou igual aos meninos do filme do Emílio [Domingos] que acordam de manhã e vão dançar, ensaiar, treinar. Eu tive outro jeito de chegar na dança. O meu jeito foi a informação sobre a dança e o corpo. Quanto mais eu me informava e aprendia, mas eu dançava bem e tinha condição de dar aquelas aulas de dança. Tudo nesse trabalho tem a ver com a necessidade de estar ali e ir transformando tudo em conceito, e as pessoas adoram conceito. E quando você entende que as pessoas adoram os *seus* conceitos, você transforma tudo em conceito. É maravilhoso! [Risos]

MF: É conceito que você quer? Toma, toma, toma! [Risos]

TM: Tô falando isso, mas tem uma parada. Eu sou da macumba, da umbanda, do candomblé, tenho uma passagem aí, sou feita disso. E lá eu aprendi que a água tem poder, que uma borboleta é um Deus, que tudo é poderoso, sabe? Que tudo é filosófico, que tudo é metafísico. Mas quando eu saio na rua, tenho que ser uma menina preta. Tanto que eu tenho essa preocupação do meu trabalho ser muito pacificado. Eu posso pensar sobre isso? Ao pensar, eu tô descaracterizando essas coisas? Sou uma mulher que dança funk, mas que pensa sobre a ligação que dançar funk tem com as mulheres da Tanzânia que dançam há não sei quantos anos. Eu posso fazer isso? Eu ainda sou uma garota preta se fizer isso? Porque quando eu tô no terreiro, pra mim isso tudo faz sentido: eu ser uma pessoa que cria conceitos sobre as coisas. Essa é a minha vida, sabe?, a mitologia, o pensamento sobre as coisas.

ID: Taísa, um monte de gente que vai ler esta conversa não conhece todos os conceitos e ideias a que você se refere. E você falou de duas coisas importantes: das mulheres que muitas vezes se achavam especiais por terem feito certas descobertas, mas que outras mulheres já fazem isso há 5 mil anos. Queria saber de você quais são essas descobertas e o que as mulheres fazem há 5 mil anos?

A Ciência do Rebolado: um saber da mulher preta

TM: Eu tinha dificuldade de entender que as pessoas estavam aprendendo uma coisa importante pra elas. Eu tinha aprendido coisas no Tá na Rua que eram difíceis de definir. Não tinha livro, não tinha diploma, e desse jeito é difícil formalizar o que de fato você aprendeu. É sobre a vida, é sobre pensar. E as pessoas iam ter aulas comigo pra aprender um pouco do que eu havia aprendido. Eu ainda não entendia aquilo claramente.

Isso acontece muito com mulheres que vêm de onde eu venho, que são parecidas com o que eu sou: a gente nunca acredita que o que a gente faz é importante, que vale a pena, porque não tá escrito! É uma outra ciência. É disso que eu falo. O meu trabalho, pra quem não sabe, fala que esses são saberes legítimos de mulheres pretas. E que eles podem estar em muitos lugares, no baile funk, no ritual, no twerk da Beyoncé, mas são saberes. E eles têm amplitude: batem na saúde, na espiritualidade, em como você é na sociedade, na cidadania, na coisa social, no ecossistema social.

Ao mesmo tempo, todo esse feminismo branco, de repente fazendo essa descoberta do corpo. Eu ria, ao mesmo tempo que achava muito maneiro — e me sustento disso até hoje. Era engraçado porque quando eu ia no baile, se tinha 15 mil pessoas, tinha pelo menos, o quê?, umas 7 mil meninas dançando aquilo. Só depois eu entendi que não tem como as meninas terem noção de que o que elas tavam fazendo era um saber. Elas são pré-adolescentes pretas, elas estudam em colégio público.

Desde 2014 que eu estudo a ciência milenar de mexer com os quadris. E vai desde as perspectivas ancestrais até as músicas histericamente sexualizadas da cena contemporânea. Essas, particularmente, eu adoro, sendo que o funk é a minha preferida. As mulheres rebolam, e isso não é vanguarda, isso não é um privilégio do tempo presente, é um fato. Mulheres rebolam, mulheres rebolam por muitos motivos, e o principal deles é que a gente gosta. A bunda é nossa e a gente faz com ela o que a gente quiser! Mas foi na base da experimentação e da observação que eu entendi uma coisa prática e profunda: as mulheres rebolam porque quando a gente rebola a vagina se lubrifica. Eu vou falar de um jeito que eu gosto mais, a xereca fica molhada.

Hoje, que eu dou aula pra mulheres brancas, dentistas, de cinquenta anos, totalmente estabilizadas, vejo que aquelas meninas de 13 anos — e eu não tô aqui falando que é tudo perfeição —, que aquelas meninas desenvolveram danças que mudaram o jeito de transar das pessoas. E ninguém considera aquilo um saber. Então, *esse* é o meu trabalho. Mostrar que nas formas descolonizadas de dança existe muita sabedoria, e as mulheres levam esse aprendizado para lugares que vão muito além da pista de dança. Demorei muito tempo pra entender, porque isso vem de outro lugar, de outra natureza. O processo criativo é outro. E o que as mulheres já fazem há 5 mil anos é a dança do ventre, por exemplo, que é uma dança ancestral. Também tem a ngoma ya ndani, na Tanzânia. A maioria dessas danças da Antiguidade nasceu com um propósito: preparar a mulher pra parir e pra transar. Quando você dança desde muito nova, na hora de fazer um parto, que hoje a gente chama de parto humanizado, vai sentir menos dor, porque seu corpo tá preparado pra fazer movimentos e ele é mais lubrificado, ele é mais um monte de coisas. E não é só nos países africanos, existem lugares no mundo onde, diferente do Brasil, rebolar é sagrado. Na Ásia, tem ori Tahiti, dança da Polinésia. Todo mundo mexe com isso. Você vai na kundalini yoga e eles vão falar que se você mexe muito *essa* parte do seu corpo [o quadril], vai ativar coisas. Algumas culturas e filosofias acreditam que a kundalini é um estado espiritual que é ativado pelos movimentos circulares da lombar e, a partir dessa ativação, você ativa mais seis chakras, que são centros de energia do corpo físico. É isso. Eu digo que rebolar é bom porque quando eu rebolo eu transo melhor e transar é gostoso e é de graça.

As aulas e a pesquisa

MF: Você pesquisa, então, pra preparar as suas aulas?

TM: Pesquiso. Algumas dessas dançarinas, elas botavam o pé na cabeça. Botavam o pé na cabeça! Eu não sabia fazer nada disso. Eu não tinha saco de acordar e praticar. Eu não queria alongar, sou preguiçosa. Comecei, então, a pesquisar. Em vez de botar o pé na cabeça, o que eu fazia? Eu falava: "Gente, essa dança vem de não sei de onde." E não era mentira, era de verdade. Percebi que funcionava, principalmente, porque funcionava pra mim. Quanto mais eu sabia, mais segura eu ficava, melhor eu dançava, porque aquilo era bonito pra mim, criei outra ligação. Eu já sabia do poder da dança por causa da minha religião. Não nego isso. A dança é tridimensional, alguém toca uma música, outra pessoa dança: Deus chega. É poderoso. É muito poderoso. Eu já sabia que era poderoso e foi minha maneira de me conectar com esse poder. O jeito que eu pesquisava no começo era só vídeo do YouTube, as coisas mais famosas, o twerk — o funk eu não precisava de vídeo porque eu tava no baile —, o twerk, o dancehall e o kuduro. Depois eu fui entendendo: "Ah, tem outra dança aqui." Aí cê ia nela, e lendo, eu entendia aquilo — eu não falo inglês, não falo nada. Eu pegava "baikoko", o nome de uma dança. De onde é o baikoko? Ah, o baikoko é da Tanzânia. Qual a língua que se fala na Tanzânia? Suaíli. Então eu ia lá no Google Tradutor: o que é baikoko? Jogava em suaíli, jogava no YouTube. E você vai achando. Vai fazendo as conexões. É muito louco, porque hoje em dia é um trabalho que tem muito mais meninas fazendo, e eu fico muito feliz com isso. Às vezes também fico bolada, porque elas devem achar que eu fico escondendo a parada. Comecei a dar a planta de como eu fazia. Elas perguntavam: "Pô, você pode me passar um texto?" Eu falava: "Porra, não tem texto!" Eu não li texto. Às vezes eu achava um blog ou outro. Por exemplo, pra saber das danças africanas, nunca achei um site — não tô dizendo que não tenha, mas eu nunca achei — de uma escola de dança. Achava assim, num blog de viagem.

Afrofunk na prática

ID: Então você fez uma junção dessas experiências, conhecimentos e ideias e passou a dar aulas de Afrofunk, uma coisa que você mesma criou, certo? Mas então o que é, de fato, a prática do Afrofunk?

TM: Vou tentar organizar, vamos ver... A principal atividade do Afrofunk, entre outras coisas, é promover oficinas de dança, principalmente pra mulheres e corpos *queers*, que estudam a Ciência do Rebolado. E, nesse sentido, a gente mistura vários estilos de dança, sempre com a ideia de que a subjetividade do movimento é tão importante quanto o movimento em si. A gente estuda a história dos movimentos de quadril e outros. Geralmente, como falei antes, não tem coreografia e a gente faz primeiro um aquecimento, um alongamento, e faz o treinamento. Depois faz os movimentos mais específicos de dança. Só que nisso tem umas informações que tão sempre presentes, que são a base da coisa toda. Tudo se dá a partir delas. Por exemplo, quando se fala em rebolar não se pensa muito, como se todo rebolado fosse uma coisa só. Mas são muitos movimentos diferentes pra fazer com a cintura, movimentos geográficos. Você vai à Ásia, as pessoas dançam de um jeito. Você vai à África, as pessoas dançam de outro jeito. E na América Latina as pessoas dançam de outras maneiras, diferentes em cada lugar.

No Brasil isso também é superdividido. O tipo de dança que se faz no Rio de Janeiro é um pouco diferente da dança que se faz na Bahia. Aqui no Rio de Janeiro a gente dança curvado, de quatro, podem botar ilustrações no livro. [Risos] E esse é um movimento muito comum numa dança chamada batuque, de Cabo Verde. É uma dança que também existe em outros lugares, onde as mulheres dançavam com os filhos amarrados ao corpo — por aqui a gente chama de *sling*, na África tem outro nome. Com os filhos amarrados nas costas, as mulheres precisam dançar nessa posição, fazendo uma dança de mexer com a bunda sem sacudir muito a criança. Essas são algumas informações que estão presentes nas aulas porque são as que desenham a mitologia do Afrofunk. São informações que quando a pessoa entende o que são, e de onde vêm, a gente pode conversar sobre mais coisas. E as informações nascem a partir dos movimentos.

A gente repete tanto um determinado movimento que fica curioso pra saber de onde vem. Mas a informação não é exatamente precisa, é um jogo de analogias dos movimentos que se repetem. Um dos passos que a gente faz é o quadradinho. O quadradinho, além de ser muito útil na perspectiva do exercício pra gente que tá trabalhando quadril, resistência física e tal, ele é um passo que, aqui no Rio de Janeiro, marca um antes e um depois. Tinha um jeito que se dançava antes, que é da galera da minha geração, que tenho 31 anos, e outro de como começou a se dançar a partir de 2010, 2009, com a galera que fez o quadradinho entrar na moda, e nessa época eram umas meninas de 13 anos, 14 anos.

Esse é um movimento que tem uma marca social e explode junto com outras danças de bunda que também explodiram na mesma época. São danças de periferia do mundo todo e que, num certo momento, geraram uma cena mundial de bunda, vamos dizer assim. Antes rebolar era vulgar, agora, pra muitas mulheres, em escala global, rebolar é empoderamento. É o funk, o dancehall jamaicano, o kuduro angolano, o twerk dos Estados Unidos, que hoje domina também a Europa. E todas essas danças têm movimentos parecidos com os do quadradinho — na verdade, muitos dos movimentos se repetem em todas as danças. São movimentos em que se controla o corpo. Cê não faz uma dança como a do É o Tchan que é aquela *tátátá*, de ficar soltando o corpo loucamente.[4] Ao contrário, a ideia é controlar o corpo junto com a batida da música. Enfim, é claro que tudo isso são coisas da minha cabeça.

ID: Eu queria voltar numa coisa que você falou que é superbonita. Você diz que vai fazendo os movimentos e assim surge a curiosidade de saber de onde eles vêm. Mas essa curiosidade é sua ou é das pessoas que frequentam suas aulas? É muito bonita essa da origem de uma maneira de dançar a partir das mulheres que carregam os filhos nas costas e com isso, possivelmente, precisarem dançar sem sacudir tanto a criança, e assim desenvolverem um controle do corpo. É tão linda essa ideia de uma linhagem histórica do movimento, de uma herança cultural forte no modo de dançar e controlar as partes do corpo.

TM: Sim, é exatamente isso, você falou tudo. A ideia da aula é pensar os movimentos para além do movimento. Pensar o que naquele movimento pode mudar a vida de alguém na sociedade. Pode parecer que não muda nada, por ser um movimento feito na maioria das vezes por mulheres e, principalmente, por mulheres periféricas. E essa é a base, as coisas que sempre se repetem. E tem outros movimentos que se repetem, pequenas informações parecidas com essa.

ID: Na verdade, eu queria era entender mais essa...

TM: A dinâmica...

ID: A sua explicação é muito interessante. Mas talvez você pudesse nos dizer qual a função desse aprendizado? Me parece que é o conhecimento do corpo, uma memória cultural, não uma memória propriamente histórica, mas da construção cultural. E mais uma pergunta: O que é exatamente a Ciência do Rebolado? Porque você usa essa expressão maravilhosa e eu queria entender do que se trata, de fato.

TM: Eu falo muito disso e acho bom que as pessoas perguntem. O que eu entendo por Ciência do Rebolado é essa sabedoria que tá por trás do movimento. Como eu falei antes, a maioria desses movimentos nasce de necessidades do corpo ou de um momento da vida de uma mulher. Por exemplo, no momento da iniciação sexual, pra se preparar pro parto, na hora de preparar o filho, de manter a beleza, tem muita dança que tem essa coisa de fazer a manutenção da beleza, tem as danças pras deusas. Eu digo que é uma ciência porque a partir da dança e do movimento você faz o tecido social da sua comunidade, você cuida da saúde, passa uma sabedoria de mãe pra filha, de uma mulher pra outra mulher. Tem uma cosmologia dentro da parada. Você pode olhar por uma perspectiva espiritual, social, sexual, entende? Fazer esses movimentos em espiral ajuda a alinhar corpo, mente e espírito. Das sinapses até as moléculas de DNA, tudo no corpo é em espiral. É vasto o assunto. Por isso eu me refiro a Ciência do Rebolado como um saber mesmo. E às vezes as pessoas não se ligam muito.

ID: Você falou de um saber sexual e mesmo de uma iniciação. Me parece que você está tratando aqui de um exercício da libido e do poder que essa libido constitui pras mulheres. Sobre o próprio funk é feita uma crítica de ser uma sexualização precoce de meninas muito jovens. Mas tem também um empoderamento através da libido. E há uma discussão se essa sexualização seria machista ou, ao contrário, se seria um modo de a mulher estabelecer outra relação de poder, de controle e autonomia nas relações de gênero.

TM: Sim, é exatamente isso que eu acho. A real é que o mundo não sabe lidar com a liberdade sexual de uma mulher preta. As pessoas tão presas a um período escravocrata em que a sexualidade da mulher preta era negada. E ela era constantemente abusada. Esse tipo de chacota e repressão num é novidade, desde o lundum, passando pelo samba, o tambor de crioula e o carimbo, todas as danças e as mulheres que dançavam eram chamadas de vulgar, de putas.

MF: Ao mesmo tempo que tem todo esse pensamento no Afrofunk, que organiza os movimentos e exercícios, e um repertório pras aulas, este é também um lugar onde há uma performance tua como artista. Você conduz a aula com mensagens e discursos, tem a estrutura da tua pesquisa, e ao mesmo tempo tem a tua performance. Você conduz uma aula-espetáculo. Queria que você descrevesse como prepara a aula e como prepara a tua performance pra aula? Você ensaia? Você teatraliza sua aula, dança junto? É um *clown* que tá ali? É um Arlequim? Que coringa de teatro você tá usando?

TM: Sim, muito legal essa sua pergunta. É muito um jeito de pensar o teatro que eu aprendi com o Tá na Rua. Inspirado no teatro de revista brasileiro, eu acho. De você tá sempre comentando enquanto a coisa tá acontecendo. E acaba que essas informações vão se encadeando e entrando na aula. Pode parecer que a gente dança, dança, dança, depois para. Fala, fala, fala, e aí dança. E não é assim. É contínuo mesmo. Elas tão dançando e eu tô falando essas coisas todas. Tem também muito dessa dinâmica, desse jogo do teatro de revista entre o coro e o corifeu. Cê tá lá na frente, depois essa hierarquia é invertida, e o jogo é ficar mudando. Às vezes eu fico no meio delas, pra não ficar toda hora na frente. Às vezes sumo no meio das meninas e boto alguém lá na frente. É bem dinâmico.

MF: É como se você tivesse fazendo uma peça do Tá na Rua? O que tem do Tá na Rua nesse ato de organizar a aula de forma participativa, interativa, com comentários de revista. Você foi muito precisa: "Eu uso estratégias do teatro de revista para conduzir a aula." É um trabalho de atriz?

TM: É, de certa forma, um trabalho de atriz, mas não o suficiente, podia ter mais. A ideia é ser uma aula-espetáculo mesmo. Sem dúvida tem um trabalho de atriz, um trabalho de improviso. Sei sobre o que eu quero falar, e improviso, não tem um momento marcado, às vezes cê tá dançando, cansou de dançar e é um bom momento pra começar a andar e falar, até pra pegar um folêgo. [Risos] Outra coisa interessante é a aula se desmontar a toda hora. Tá todo mundo dançando, fazendo o passo sincronizado que eu tô mostrando, certinho, aí eu mudo a dinâmica, começo a tirar as pessoas do lugar, apago a luz e começa todo mundo a dançar junto, cada um do seu jeito, sem seguir mais o que eu tava fazendo. Tem também os jogos de teatro do Augusto Boal que eu uso e dou uma adaptada. Daquele livro *Jogos para atores e não atores*, de teatro,[5] de onde eu pego um ou outro.

MF: E incorpora à aula, certo. Uma curiosidade: quanto tempo você ficou no Tá na Rua?

TM: Cinco anos, de 2010 a 2015, 2016, mais ou menos.

ID: Pensando na sua resposta pro Faustini, eu te pergunto: Qual o papel da *rua* no Afrofunk? Porque você estava fazendo um teatro na rua — é claro que agora estamos presos a essa jaulinha virtual, de quarentena —, mas suas aulas também acontecem por vezes no espaço público. Então qual o papel da rua nesses encontros e aulas? Como a rua afeta o trabalho?

TM: É muito boa essa conversa pra organizar meu pensamento sobre o trabalho. Acho que a rua tá mais na estrutura do trabalho, do improviso, do que eu aprendi no Tá na Rua, de ter um corpo que gira 360 graus. Um corpo que não tá acostumado a ficar apenas lá na frente com as pessoas observando a partir de um outro espaço, restrito. Acho que o improviso, o trabalhar com o que você tem. Na rua você tem que prender a atenção de alguém que tá de passagem por ali, naquela hora. E na minha aula eu tenho que estruturar as coisas de forma que a pessoa consiga aprender aquele passo e entender o que eu tô falando. Por isso, eu acho que na base da parada tem muito do que eu aprendi na rua. Mas esse não é um trabalho pra ser feito na rua, não é um trabalho que cabe na rua. As vezes em que eu dei aulas na rua foram em lugares "muito protegidos", digamos assim. Foi em eventos que de alguma maneira a gente tava protegido, e na maioria das vezes foram experiências bem-sucedidas.

Mas teve *uma* experiência bem ruim, porque mesmo sendo num ambiente de evento feito pelo Sesc, bem produzido no sentido de dar estrutura pro artista, foi bem difícil. Era um evento na praia, e quando me contrataram eu achei que ia ser maravilhoso porque era uma praia em Muriqui. "Pô, a Baixada toda, vai ser o máximo!" Eles tinham uma estrutura muito maneira, foi um dos eventos mais legais que eu vi o Sesc fazer, superpopular. Pensei: "Nossa, vai ser demais." E fui assim, metida, achando que ia ser mole. Quando eu cheguei lá, mano, todas as mulheres de biquíni, com seus maridos bêbados, ninguém queria dançar. Ninguém quis botar a bunda pro alto. Foi muito horrível, na verdade. Definitivamente, não é um trabalho pra ser feito na rua. É um trabalho pra um ambiente protegido, exige uma certa privacidade.

Outra coisa é que o tempo de uma aula de dança, em geral, é de uma hora, e os encontros do Afrofunk são de duas, três horas. E por quê? Porque o Afrofunk e o jeito que a gente quer tocar as pessoas exige mais do que o tempo de aprender uma coreografia. É o tempo de ganhar intimidade com o ambiente, o tempo de perder a vergonha, de se desconstruir, de se desarrumar. Eu sempre fico zoando: "Ah, vocês não vão passar inabaláveis por aqui." Não tem como o corpo passar inabalável, vai suar, vai se sujar, vai doer. Vai *doer*, tá ligado? E pra isso precisa de tempo. E de uma certa privacidade. O Afrofunk tem elementos da rua, mas não é uma prática pra ser feita na rua.

Funk e maculelê

ED: Você é da umbanda, do candomblé, mas frequenta o baile funk e tem o Afrofunk. Você vê correlação entre o baile e o candomblé? O que você leva pro Afrofunk, o que você acha que o funk tem de candomblé no tamborzão? No seu trabalho me parece que tudo isso é muito presente. Eu vi você se apresentando uma vez e você dançou como se tivesse num ritual de candomblé.

TM: Quando começou, na real, eu ia no baile e ficava prestando atenção. E tem uma coisa da música. O funk é uma célula do maculelê, aquele "tum tá, tá tum tum tá", e teve uma época — não lembro se foi ao mesmo tempo —, quando veio o macumbinha, que é tocado com mais de um atabaque. Não sei como faz, eu não entendo de música, mas certamente não é só um atabaque, ouvindo pra dançar dá pra perceber. No funk tem o macumbinha, tem a tabacada, tem o jeito de dançar, tem o que os dançarinos de passinho estudam a partir dos vídeos de kuduro, tem muita coisa. Ainda assim, o funk é muito evangélico. Tem muito evangélico, simples assim. Tu vai pro baile, o pastor tá no meio do baile, o MC fala pra Jesus, todo mundo vai pro baile, usar loló, lança-perfume, sarrar no fuzil, e no outro dia tá na igreja. É um bagulho doido, um bagulho esquisito.

Como eu falei, quando eu comecei com a dança, quando eu montei o Afrofunk, foi pra me virar, aí eu pensei: "Vamos criar um produto artístico a partir disso." Eu queria criar um grupo de dança. Chamei duas amigas, a Renata Batista e a Sabrina Ginga, e a gente começou. Naquele momento, sim, o meu pensamento era dar uma macumbada na coisa. Eu queria fazer um funk mais macumba. Eu tinha uma pira muito engraçada, e tinha motivo pra isso, que era o Iago, um ogã da minha casa de santo[6] — é um ogã, tá vivíssimo, graças a Deus. A família dele é uma família de macumba. Sabe aquela pessoa que nasceu na macumba, e tudo que a pessoa faz tem a ver com aquilo? A pessoa fala, tu entende tudo. E ele era assim, muito novo na época, tinha uns 12 anos e já era um ogã. Doze anos de idade e 10 anos de santo. Todo mundo tinha que respeitar o Iago. Mas com 12 anos ele tocava macumba gastando a onda, e tomava esporro toda hora. Toda hora a mãe de santo dava esporro nele, toda hora a entidade dava esporro nele e ele não tava nem aí. Tocava meio que dançando passinho e, no intervalo entre uma macumba e outra, ele tocava no atabaque fazendo um funk, tocava um ponto de Ogum parecendo um funk e eu pirava nele. Eu pensava: "Nossa, queria que todo mundo fosse igual ao Iago." Pra mim o Iago era a coisa mais funk que tinha. Ele era músico, ele tava ali tocando e ele brincava com aquilo.

No começo das aulas — às vezes eu esqueço dessa época — o Afrofunk foi um grupo de dança. Eu queria que o Afrofunk fosse um grupo, mas ninguém tinha dinheiro. Duas pessoas moravam no centro da cidade, uma em Santa Teresa e a outra no Flamengo — mas não se enganem, essas pessoas não tinham dinheiro —, e eu morava em São João de Meriti. Só que a base de tudo era a casa do Tá na Rua, que é na Lapa. Era centro de qualquer maneira. Como a gente não tinha dinheiro pra pagar nem a passagem, eu comecei a dar as aulas e começou a entrar algum dinheiro, mesmo que pouco. Eu sempre tive muitas alunas.

As aulas começaram assim: eu fiz um *flyer*, botei no Facebook e achei que iam quatro ou cinco amigas minhas que sabiam que eu tava sem dinheiro — era 10 reais a aula. Já no primeiro dia apareceram 35 alunas, pra aula de dança isso é um número que eu fiquei assim: "Caraca, tem um monte de mulé querendo fazer isso daqui." Dava pouco dinheiro, mas saía sempre um dinheirinho dali. E era o *meu* dinheirinho, o *meu* pouco dinheirinho. Só que eu queria fazer o grupo, achava que era mais interessante. E o que que eu fiz? Chamei as meninas, ninguém tinha dinheiro nem pra pagar passagem pra ensaiar, e propus: "Vamo todo mundo dá aula." E, caralho, mano, como é que cinco pessoas vão dar aula juntas — tinha a Renata, a Sabrina, tinha a Maria Clara Coelho, amiga nossa musicista sinistra, diretora de teatro, e mais a Bruna, uma amiga que ajudava a produzir. "Como é que enfia cinco pessoas numa aula de dança?" Não precisa de cinco pessoas. Foi aí que eu criei — acho que posso falar assim — a oficina-espetáculo. Foi assim que tudo começou. Eu tô falando aqui pra vocês e vou lembrando, na real.

Era assim: eu ficava falando pra caralho, igual eu tô falando aqui, contando essas histórias, e misturava com os itans que eu contava.[7] Eu ainda era uma pessoa muito da dança afro, e tinha bastante da dança afro. A Eliete gostava muito do que eu fazia, quando eu contei pra ela, ela disse "Vai lá!" — e eu me senti autorizada a ir adiante. Eu misturava muito. A aula começava com um pouco de dança afro, tinha um pouco de dancehall, um pouco de twerk e depois tinha um pouco de funk. Só que com uma estrutura que era assim: a Sabrina dava os passos de dança, ficava na frente, a aula de dança mesmo "um, dois, três...". Eu ficava andando e falando, meio que uma narradora, contava os itans, contava de onde vinha a dança. Hoje em dia, que sou só eu, as alunas param, me ouvem falar, depois a gente volta a dançar. Eu não gosto, preferia como era antes, que todas continuavam dançando e ficava uma coisa mais dinâmica. A Renatinha aparecia no meio do negócio, encenando o que eu ia falando. As pessoas tavam na aula, com a Sabrina dando os passos de dança, eu falando, e a Renatinha entrava. Sei lá, eu falava "Oxum, linda, maravilhosa, não sei o quê..." e a Renatinha passava no meio das alunas toda de Oxum, enquanto a Maria tocava de DJ. Uma aula dava trezentos reais, a gente dividia e todo mundo tinha o dinheiro da passagem pra ir no outro dia ensaiar. E a máquina ficou girando assim.

A gente fez alguns shows, foi bem legal, num período de uns dois anos e pouco. A gente fez uns shows pro Circo Voador na festa Eu Amo Baile Funk, fez shows pra algumas marcas, fizemos um show no Capão Redondo, em São Paulo, que foi massa. No meio do processo, eu escrevia uma letra, "ah, então vamo cantá", e foi ficando uma coisa assim meio rap, foi maneiro. Foi muito bom, na verdade, mas não sei, passou. A gente não conseguia entender como fazer pra crescer. Acabou não fluindo muito e depois eu passei a dar as aulas sozinha mesmo.

E sobre essa coisa de candomblé e funk, eu parei de misturar, não que eu não ache que tenham coisas parecidas. Tem muitas coisas parecidas, passos de dança mesmo. É parecido musicalmente falando, a estrutura de criação, tudo é parecido. Mas entendo, hoje, como uma pessoa que acredita nessa religião, que a religião sofre muito, as pessoas não têm consciência — eu não tô dizendo que não possa misturar, mas as pessoas não têm muita consciência de onde separa a cultura religiosa do produto artístico. E eu, como artista — não digo que seja o caso de todo mundo —, não sentia que conseguia separar as coisas do jeito certo. E decidi que não ia mais misturar candomblé e funk.

MF: Emílio, como você vê a obra, a ação, a Taísa? Você pesquisa e faz documentários sobre movimentos urbanos no Rio de Janeiro, traz esses movimentos a público. Como você analisa esse fenômeno chamado Taísa Machado? Como você vê no contexto carioca?

ED: A Taísa é uma típica artista carioca, assim como os garotos do passinho, que são extremamente práticos e vão criando estratégias e métodos a partir da necessidade, e não têm limites nessa criação. Acho que é a partir disso que surgem as inovações, essa busca constante pro que é novo, essa abertura pro que é diferente. Ao mesmo tempo essa procura não é no vazio, eles tão procurando algo pra utilidade cotidiana. É interessante porque, por exemplo, os garotos do passinho criaram essa forma de propagar dança pela internet, pelo YouTube. Inicialmente, foi feito por acaso, era só uma festa. Da mesma forma que a Taísa tava falando que gosta de festa e o negócio era curtir o barato. Na Taísa tem muito do aspecto do prazer, da curtição, ela consegue juntar essas duas coisas no que faz: a questão da sobrevivência e a ética do prazer. O fazer tudo por prazer, por curtir. Acho que isso é fundamental, e ela transmite essa atmosfera pras pessoas na prática do trabalho. Isso atrai as pessoas. Taísa é dessa tradição da cultura carioca de realizar as coisas, como o samba, onde tudo tem um método, tem um conhecimento, e quem é do meio entende, respeita. Pode seguir a tradição ou não, mas entende que tem um conhecimento ali. Com todo esse embasamento, vejo a Taísa como uma criadora que não tem medo de ousar, de fazer coisas novas, de experimentar. Me parece que ela tá em constante mutação, em transformação, em constante processo, o que me interessa muito, como admirador, porque é um trabalho que vai se modificando e trazendo novas informações. Acho maravilhoso, é difícil não cair em adjetivos elogiosos.

TM: Obrigada, obrigada, mó honra.

MF: Emílio, o que você quer perguntar pra Taísa?

Dançar na *live*

ED: Com a quarentena, como você tem dado suas aulas? Houve uma adaptação, né? Há pouco tempo, você não imaginaria dar aulas on-line, seria totalmente contrário ao que você costuma fazer, mas de certa maneira essa tragédia da covid trouxe a necessidade de as aulas acontecerem pela internet. Com isso, por outro lado, agora você parece ter ampliado suas fronteiras. Tá dando aula pro Brasil inteiro. Qual a sua relação com a internet e como você vê a relação do Afrofunk com a internet daqui pra frente? Você tem postado vídeos etc. Acredito que haja um campo a ser desbravado, né?

TM: É, é bem doido. Foi difícil no começo, mas muito bom pro trabalho. É difícil pra mim como artista, mas pro trabalho tá sendo sensacional. Foi até engraçado, eu fui chamada pra trocar uma ideia num podcast e a pergunta inicial pra todo mundo era: "E aí, como tá sendo a sua quarentena?" Todos que tavam dividindo a parada comigo falaram que não tavam conseguindo trabalhar. Fiquei pensando: "Caralho, será que eu minto?" Porque eu tô trabalhando muito mais do que antes. Mas, sim, eu tenho planejado os conteúdos, tem uma organização que vai mudando. Porque a internet tá sempre mudando, o discurso é o mesmo, mas a parada vai sempre mudando. E acho que eu tô dominando o vídeo e essas formas de divulgação cada vez mais.

No momento que surgiu o corona, eu tava começando a chegar mais perto do que o Faustini perguntou sobre o que tinha do baile no trabalho. Tava me aproximando dessas ideias dentro da estrutura da aula de dança. O que eu aprendi, prestando atenção em todas essas danças, é que a maneira como o povo preto entende a dança é muito diferente. A gente aprende a dançar experimentando a dança. É muito diferente da branquitude e do pensamento nórdico de entender a dança. A dança pro povo preto tá dentro da formação como cidadão, não é só divertimento. Mas isso pode não ser tão claro pra quem vê de fora. Nasceu alguém? Dança. Morreu alguém? Dança. Casou alguém? Dança. Tudo dança, faz parte, entendeu? Menstruou? Dança. Trepou? Dança. Tudo tem que dançar, faz parte da formação do cidadão em várias culturas. E, de um jeito contemporâneo, vejo que o modo como se aprende a dançar é outro.

Não lembro nunca de ter ido numa aula aprender a sambar. Desde criança a minha mãe me levava no samba, então aquele movimento, independente do que eu faça, ele tá ali, ninguém me ensinou. Geralmente as pessoas que procuram uma aula de dança não vivem isso, não experimentaram isso. Elas aprendem dança de outro jeito. Essa era uma dúvida que eu tinha: como ensinar essa dança, e se eu precisaria ensinar de outro jeito. Porque esse seria o jeito de branco de dar aula de dança. É o jeito da imitação e não o da criação como quando se abre uma roda no baile, ou quando se vai num treino de passinho no Jacaré: os garotos tão todos treinando vários passos ao mesmo tempo, cada um o seu. Não tem o momento de ir uma pessoa na frente de todo mundo pra dizer como eles devem fazer. É mais: "Vem aqui você, me ensina isso daqui." É outro jeito! E eu tava conseguindo levar isso pra aula e criar um método mais genuíno. As pessoas falam muito de poder, né? "Ah, porque eu fico muito empoderada com essa dança." E é mesmo uma coisa que a dança proporciona pras pessoas, por ter a ver com a criação de cada um.

O meu namorado dança muito. Ele vai pra festa e ele dança, qualquer dança, qualquer música que tocar ele dança. Ele não precisa desse *start* que as pessoas que vão atrás do meu trabalho, das minhas aulas, precisam. Por que ele dança? Porque ele fica bonito, porque ele chama atenção de todo mundo quando ele tá dançando, fica poderoso, fica gostosão, e é isso que eu sinto também. Eu me acho uma garota muito bruta, não sou feminina. Mas quando eu danço funk, eu me sinto assim, consigo chegar nesse lugar, danço pra chegar nesse lugar. E entendo o porquê de tantas meninas virem atrás do meu trabalho. Hoje eu entendo do que essas meninas vêm atrás.

Tem uma coisa, as garotas pretas procuram o meu trabalho porque elas querem perder o trauma da hiper-sexualização. Elas querem dançar sem se sentirem engolidas, sem se sentirem molestadas. E as mulheres brancas, principalmente as mulheres brancas de classe média, elas vêm perder o pudor que sempre tiveram. Todo mundo quer chegar no mesmo lugar, mas umas vão pra perder o trauma de serem safadas demais e as outras vão pra poder ser um pouco mais safadas. Cê tá entendendo?

Queria conseguir com meu trabalho proporcionar às alunas o que eu falo que ele tem. Que é naturalmente acessar um lugar que deixa seu corpo à vontade, e ele dança e ele vai embora e ele é feliz, porque isso é dançar funk e essas outras danças que eu estudo.

A gente vinha criando, desenvolvendo um método e aí, BUM! Ninguém pode mais encostar em ninguém. Porque esse método tem a ver com você encostar no outro, com você se soltar. Eu tô ainda entendendo. Acho que é por causa disso, da pandemia e tudo o mais, que meu corpo tá sofrendo pra caralho, minha coluna tá travando direto, meu joelho tá travando direto, tá tudo travando. Meu corpo tá tipo "num queria tá aqui". Mas não sou nem um pouco boba, tô vendo que o momento é o das coisas na internet. O trabalho tá maior, não tem mais a barreira do espaço físico. Eu sempre tive as turmas cheias. Se antes eu tinha quarenta alunas na minha turma, hoje em dia eu tenho setenta alunas. Tá ligado? E é muito maneiro porque tudo cresce. Eu já não faço mais tudo sozinha. Posso trazer outras pessoas comigo, e é muito maneiro.

Eu tinha toda essa neurose de "ai, trabalhar pra marca". Não tô dizendo que eu não possa me envolver com marcas, adoraria, mas fico orgulhosa de conseguir ganhar uma grana maneira pra mim — e eu quero ganhar muito mais! [risos] —, e também pras pessoas que trabalham comigo, sem precisar de ninguém, sabe?, só mesmo das pessoas envolvidas no trabalho.

Tem outra coisa importante também, que eu aprendi, porque teve uma mudança. Quando começou o Afrofunk, as meninas tinham 25-30 anos e queriam aprender a dançar pra ir pra festa. Era uma época que aconteciam muitas festas na rua, tinha o baile do Ademar, e o funk putaria tava saindo do baile e chegando no asfalto. Qualquer festinha que você ia aqui no Centro tinha "pau na xereca, pau na xereca", e antes só tinha isso no baile. O baile sempre lotado, mas o baile é cíclico, né? Tava numa fase underground, não tava na fase Baile da Gaiola,[8] e tudo o mais. Fica essa montanha-russa. E com o baile chegando no asfalto, as meninas queriam aprender a dançar pra ir nas festas. Eu via todas as minhas alunas na festa que eu ia na sexta, na festa que eu ia no sábado. Agora não é mais assim. Das minhas quarenta alunas, eu vejo cinco alunas na festa. Mudou. Hoje já são meninas de 30 a 40 e poucos anos, mulheres que não necessariamente querem aprender a dançar pra ir pruma festa. São mulheres que querem vencer coisas pessoais e também barreiras culturais, e isso é apavorante. Ao mesmo tempo que é muito legal, fico com receio de virar aquela pessoa totem, uma autoridade. Tenho medo de não conseguir fazer que as pessoas entendam que aquele não é um espaço de realização de fetiche. Isso com certeza fica mais difícil também com a internet. Eu não tô vendo a pessoa direito. Não tem o olho no olho, sabe? Não posso fazer a pessoa me enxergar direito, nem penetrar no olho da pessoa. Não dá pra fazer cara de quem não gostou quando a pessoa tá me olhando enquanto eu danço. Tem um monte de coisa que fica mais difícil.

O importante é que com essa mudança em relação à idade das alunas, com essa mudança de público, aprendi uma coisa que eu não sabia direito. Aprendi toda essa coisa da saúde. Eu não tinha o discurso da saúde. E isso aqui é saúde! Porque quando você dança no sábado numa festa, ou quando eu ia no pagode com a minha mãe ainda criança, ninguém me dizia que dançar ia ser ótimo pra minha saúde. Ninguém falava que a dança também era cuidar do meu corpo, cuidar da minha saúde mental, cuidar do meu espírito. Eu não sabia de nada disso. Agora eu sei. E rebolar ajuda na prevenção de várias doenças: bexiga arriada, infecção urinária, tem meninas que equilibraram até candidíase com treino regular de movimentação de quadril. Fazer a musculação do assoalho pélvico previne fratura na terceira idade. Além de que rebolar ajuda a lubrificar o que ajuda a atingir o orgasmo na hora do sexo. A bunda é o maior conjunto de músculos do corpo humano. Exercitar essa parte do corpo é fundamental.

Uma coisa que aconteceu, e eu gosto, é que a aula é colorida, e tem diferença de classes sociais. Mas eu sei quem pode pagar e quem não pode. E de uns dois anos pra cá tem muito mais mulheres brancas de classe média que pagam pela aula. Eu dou bolsas pras amigas que eu sei que não podem pagar, mas também tem bolsista que eu nunca vi na vida. A gente sempre sorteia umas bolsas, e o meu sistema de bolsas é voltado pra mulheres pretas.

Com a quarentena, quando eu passei a usar o Zoom pra dar aula e comecei a ver as pessoas em casa, foi surreal. Na primeira aula eu fiquei assustada. Tinha muito mais gente, sei lá, sessenta alunas, e só quatro garotas pretas.

Porque quais garotas pretas, num momento de pandemia, podem desembolsar esse dinheiro pra pagar uma aula de dança? Também não tenho mais o problema do espaço físico que limitava o número de bolsas que eu podia dar. Se antes eu dava cinco bolsas, hoje eu dou trinta bolsas pra mulheres pretas. Entendi quem investe, quem pode investir e quem tem a atenção à coisa da saúde.

Tenho muitas amigas pretas que hoje em dia trabalham com saúde da mulher preta, e vivem disso. Eu, não, não é exatamente a mulher preta que faz a manutenção da minha vida financeira. Isso é o que eu quero buscar. Hoje eu entendo que meu trabalho não é o que às vezes fica rondando em volta de mim, tá pacificado, que eu tenho mais segurança, mais orgulho dele, tenho cada vez mais vontade de fazer coisas que inclusive eu já fiz antes, mas nunca com regularidade. Já fui muito na favela, já fui muito na escola pública, mas não com regularidade. Tu vai lá um dia e vai embora. E aí!? Tenho muita vontade de desenvolver um trabalho nesse sentido. Se eu fechar com uma marca, e alguém estiver me pagando, eu posso fazer outras coisas que não só dar aula de dança onde eu dou. A aulas na internet me fizeram entender muita coisa.

Fazendo as pazes com o corpo

MF: Maravilha, ótimo apanhado. Sinara, você conhece a Taísa faz tempo, e hoje ela é uma mulher preta importante nesse cenário em que mulheres pretas foram entrando no debate, na cultura e no ativismo do Rio de Janeiro. Como você vê a Taísa navegar no debate público, nas obras, nas redes sociais, nas articulações de trabalho? Como você analisa essa trajetória da tua amiga? O que significa pra esse movimento, esse personagem, essa avatar, a ação da Taísa na cultura urbana do Rio de Janeiro?

SINARA RÚBIA: A Taísa falou uma verdade: as minhas amigas até quando dançam funk estão teorizando. E é bem isso mesmo. Taísa, me dá licença pra falar sobre como eu te vejo dentro da perspectiva das mulheres ativistas que entraram no debate público a que o Faustini se referiu. Primeiro eu tento entender a Taísa dentro dessa perspectiva de mulher, negra, periférica. A Taísa faz parte de um grupo que é atravessado por vários estigmas e desigualdades sociais, raciais e de gênero. Penso em como uma mulher pode se movimentar nesse lugar. Quando ela busca e cria oportunidades pra sua vida, o que pode acontecer e como isso é possível. Entendendo essa artista na qual ela se transforma, penso que ela adquire conhecimentos oriundos de toda uma oralidade, de uma corporalidade, assim como de musicalidade e ancestralidade negras, e reproduz esses conhecimentos criando. Esse legado a gente tem tanto por motivos históricos quanto científicos. São valores africanos, valores afrocivilizatórios que a gente carrega. Penso em como, ao se movimentar, é rica a aquisição, o ambiente, os territórios. São aspectos que, dentro da configuração social que a gente vive, não são entendidos como conhecimentos de valor. E a gente vê na Taísa o valor desse conhecimento.

Dentro dessa busca, da estratégia de vida de uma mulher, da luta pela sobrevivência, me chama muita atenção, ao longo desse percurso, ela compreender o valor do conhecimento que adquiriu e compartilhar. E é quando ela compreende esse valor que surge a artista, e também a empreendedora, que logo compreende o valor monetário de tudo isso. É na sua busca por sobrevivência que ela cria esse, digamos, produto. Entendendo a Taísa enquanto empreendedora, enquanto artista, criadora de um produto novo, original, de qualidade, que é uma oficina e uma aula de dança e é também um evento social que mobiliza mulheres as mais diversas. Uma oficina que é um encontro coletivo e, ao mesmo tempo, esse produto dá conta de questões que atravessam a subjetividade dessas mulheres.

Ao longo da história da humanidade o corpo feminino é vilipendiado, é violado. Quando a Taísa trata de tudo isso, e produz esse reconhecimento, essa reconexão, fazendo as pazes com esse corpo, com aceitação, com a compreensão da anatomia feminina, da sexualidade, gera autoconfiança, autoamor, elevação da autoestima, é um produto muito potente. A trajetória da mulher que a

Taísa é hoje foi forjada num contexto onde ela teve seus mestres, teve o baile funk, os lugares por onde andou na cidade, as conversas com os avós, o bar, desde cedo o vô que contava histórias, todo esse caldo foi sendo formado, se tornando reduto desse conhecimento. É fantástico quando ela consegue compreender tudo isso, organizar e transformar essa massa de conhecimentos num produto que cura. Esse trabalho dá conta de muitas outras coisas. Não sei se é o objetivo da Taísa, se ela pensa isso, ou mesmo se ela quer isso, mas entendo que é o que acontece. Não é à toa.

MF: Muito bom, não importa se a artista pensa sobre isso, importa o que ela faz acontecer. A artista pode tá numa viagem e o que ela cria pode ir além, ser um disparador. Excelente.

SR: Eu, de fora, vejo com meu olhar de mulher, negra, ativista, educadora, e vou observando o impacto e a força que isso tem. É muito curioso quando ela fala "não pensei nisso". Pra ver como é poderoso esse corpo negro, e como essa mulher negra e esses espaços acontecem a despeito de todos os problemas sociais que a mulher negra enfrenta. O que é o poder de uma mulher conhecer seu corpo? O que é uma mulher rebolar? Me chama muita atenção quando você se refere a Ciência do Rebolado. Ressignifica paradigmas e estigmas, cê tá chamando de ciência, de conhecimento, o *rebolado*. Isso é muito forte.

Vejo a sua reflexão, sua organização mental sobre o trabalho e o modo como você tá compreendendo a potência dessa pedagogia, desse ensino-aprendizagem. Queria saber se a Taísa já tá conseguindo ver as bases, o fundamento do trabalho? Quer dizer, ela vê, claro, porque domina, e tem uma autocrítica muito interessante. Mas você tem, Taísa, algum tipo de preocupação — não que precise ter — de sistematizar todo esse conhecimento?

TM: Ai, Sinara, muito obrigada, te amo. Cruzar com tantas mulheres pretas maravilhosas... Eu tive a oportunidade de ter duas mestras, a Eliete Miranda e a Valéria

Monã, e tenho muitas amigas que me inspiram; a própria Sinara, a Andreza Jorge, a Caroline Amanda, da Yoni das Pretas, a Silvana Bahia. São várias as pessoas que eu fui encontrando pelo caminho que às vezes, com cinco minutinhos de conversa, faziam "buuuf" na minha cabeça. Muito obrigada, amiga, de verdade.

Quando eu falei da possibilidade de criar um método pra falar da Ciência do Rebolado, não seria só pra falar. Poder chegar na UFRJ, dentro daquela arquitetura, daquele raciocínio, e falar sobre isso é uma coisa. Outra coisa é criar um método que tenha esse raciocínio como pilar mesmo. Como produzir uma coisa parecida com a experiência que eu tive nas minhas vivências e no aprendizado da dança? Como pensar a dança a partir dessas ideias? Hoje eu consigo entender que eu posso, e tô tentando criar um método pra isso. Nesse momento do mundo, a comunicação tá na mão das grandes corporações. Se não tivesse uma grande empresa, como o Zoom, a gente não tinha nem esta conversa. Percebo como essas tecnologias, a dança, a música — e falo da dança porque é o que eu faço —, são poderosas e atemporais. Porque pode cair o Instagram hoje e eu perder várias possibilidades de comunicação, mas vou sempre dançar. E uma pessoa que é de outra língua, de outro país, vai poder se comunicar comigo por esse canal da dança. Isso é muito poderoso. Vejo, hoje, que é muito valioso, e é até de dinheiro que eu falo mesmo. Sei quanto, cada vez mais, essas práticas do corpo serão valiosas. Mas não sei se era exatamente isso que você queria saber quando perguntou sobre sistematizar.

Uma coisa que eu tenho vontade é de trazer mais pessoas pra prática, porque eu não quero dançar mais, no sentido de ter uma carreira profissional como dançarina, não é o que eu quero fazer. Tô querendo contar histórias, tenho estudado roteiro, tudo é narrativa no final das contas. Quero disputar mais esse espaço.

Tem tempo que eu tenho vontade de montar uma escola de dança, um curso de formação. Organizar esse método e trazer pessoas pra ampliar o trabalho. Mas aí me bate uma coisa que é: eu não vou ser *a* pessoa, todos têm o direito de aprender, se quiserem, com essa perspectiva do saber das mulheres pretas, do corpo e da dança. Sei que eu tenho autoridade pra passar o método porque fui eu que desenvolvi, mas não me sinto no direito de deixar qualquer um ali na frente ensinando. Eu, como alguém que estuda cultura afro, não me sinto autorizada a formar mulheres brancas como professoras de Afrofunk. Não é todo mundo que pode ensinar. Exige um saber e um certo nível de maturidade. Ainda não entendi como deve ser feito. Mas precisa ser feito por mulheres pretas. Então é um projeto mais ambicioso, mais caro, porque talvez brancas pudessem pagar por essa formação, mas seria caro para a maioria das mulheres pretas. Então como custeia? Eu ainda não achei uma solução, mas quero fazer com certeza. Quero parar de dançar, mas não quero que o Afrofunk acabe. Preciso desenhar um projeto de curso de formação e capacitação para ensinar esse método para que mulheres pretas possam perpetuar o método.

A dança é poderosa

ID: Ouvi aqui muitas coisas incríveis e fiquei com vontade de saber mais sobre o seu insight, a sua percepção quando leu o Geovani Martins e de ter pensado "Caramba, isso é o que eu faço!". Da mesma maneira que lendo o Geovani você entendeu o que já fazia com seus textos, confirmou um desejo, ou uma intuição. Ele escreve e você narra, de outra maneira, ao menos naquele momento, no corpo e na dança. O que aconteceu com você ao se deparar com o texto do Geovani e o que você imagina que pode provocar nas pessoas com o seu trabalho? Pergunto mesmo sobre o momento, o instante da percepção.

TM: Eu sempre gostei de ler, mas não sabia o que ler. Hoje eu tenho mais referências, posso escolher o que ler. Antes eu lia o que tava na mão. Nunca tinha pensado "Ah, um dia eu posso escrever um livro". Nunca. Eu escrevia na internet e as pessoas curtiam, mas eu não tinha ideia da dimensão. "Ah, mas as pessoas compartilhavam." Eu sabia que elas gostavam do que eu escrevia, mas achava que era muito mais porque elas eram minhas amigas. E por mais que vazasse e saísse um pouco do circuito dos meus amigos, a grande parada ali pra mim eram os meus amigos. Paralelo a isso eu tinha o Afrofunk. Quando eu li o Geovani, eu pensei: "Caraca, que maneiro! Eu quero escrever um livro!" Eu não tinha ideia que eu podia escrever alguma coisa que não fosse música. Eu só via pessoas parecidas comigo escrevendo música. Entendi que eu podia escrever uma peça, um roteiro de filme, podia escrever o que eu quisesse.

No final das contas, é a velha questão do racismo. Eu não tinha nenhuma referência de alguém como eu que tinha escrito um livro. Não sabia que podia. Já achava que existia pouca mulher que escrevia. E mais que isso, o jeito do Geovani escrever: as figuras, o formato das coisas, o universo social dos personagens, o tipo de escrita, de assunto, o jeito de lidar com a língua portuguesa, nada disso eu tinha visto antes. Quando eu descobri o Geovani, eu pensei: "Caramba, é parecido com o que eu faço." Foi muito bom pra mim.

E sobre o que eu imagino que eu possa provocar nas pessoas, na verdade, eu não imagino. [Risos] Mas o que eu gostaria, principalmente em relação à dança e ao funk, é que mais meninas pretas, periféricas, faveladas possam perceber o poder que aquilo tem. Não só por todas as coisas que eu acredito em relação a espiritualidade, filosofia, a prática e tudo o mais, mas também por entender que tem um mercado. Fazer elas entenderem que elas não chegam nem perto de serem tratadas como deveriam pelo mercado. Muitas dançarinas não são tratadas como profissionais. O passinho ainda não é tratado como as outras danças. Mas os meninos já têm espetáculos, viajam pra fora, tem DRT.[9] Vivem desse trabalho. Mas as meninas que dançam ainda são assediadas. O DJ, o produtor, sei lá, ainda vai passar a mão nelas, vai querer trepar com elas, porque eles sabem que vai ter sempre outra menina superdisponível pra tá num palco, numa área VIP, ganhando duzentos reais na noite pra dançar, enquanto o DJ tá ganhando 15 mil, 30 mil pra tá ali. As meninas não têm noção. Eu não trabalho nessa área, não tô falando de mim, mas queria que o Afrofunk mostrasse que as dançarinas precisam ser melhor tratadas como profissionais, e há inúmeras outras possibilidades. Muitas mulheres no mundo em diferentes vertentes fazem isso. Eu sigo mulheres do dancehall da Jamaica que fazem o que eu faço, do twerk... Eu queria que as meninas pudessem enxergar no Afrofunk uma possibilidade de trabalho mesmo. Que elas entendessem que esse é um processo criativo, que elas produzem uma coisa muito poderosa e que vale dinheiro.

MF: Trabalho inclusive como o lugar em que se constrói um discurso, de profissional, de artista.

ID: Eu tenho mais uma pergunta. O que dispara o seu desejo de criar tudo que você vem criando? Você viu essa moça no palco dançando com a tal burca. Que ano foi esse?

TM: Dois mil e treze.

ID: Você falou pra gente de "uma artista que se desenvolve na guerra". E no momento tá todo mundo, no Brasil mais ainda, sendo colocado à prova; pessoas que nunca foram colocadas à prova. Uma classe média que vive num certo conforto de estabilidade, e não tô nem falando de dinheiro, tô falando de estabilidade de rotina, estabilidade pessoal, familiar, profissional. No Brasil, a gente tem a dobradinha pandemia e pandemônio, e tá num lugar limite. As pessoas tão ficando catatônicas, sem saber como lidar com essa instabilidade radical. Penso na questão da estratégia de sobrevivência mesmo. Você fala: "O cara tava dando tiro pra cima, tava vindo estilhaço pra cima de mim, mas eu não tava no palco, aquela mulher tava." E você diz que essa é a artista que você quer ser. Entendo o que você diz como: se tiver tudo explodindo, eu quero seguir fazendo meu trabalho porque isso é muito poderoso. É sobre essa ideia da artista que se desenvolve na guerra que eu queria saber mais. O que significa essa ideia pra você? Tenho pensado nas estratégias de sobrevivência das ideias, dos conceitos, e também das pessoas, das famílias. Queria entender essa ideia de estratégia e território de guerra. Mesmo que seja uma guerra em sentido simbólico.

TM: É delicado. Tenho que pensar em como eu me expressei, porque isso não é maneiro na verdade. Não é nada legal o que se vive em certos territórios. Mas o que me chamou atenção naquela mulher, e quando eu falo do artista que se desenvolve na guerra é porque são essas as expressões que eu estudo. Tem um médico, o Ruy Marra, e eu estudo muito a partir da pesquisa dele. Ele pesquisa como trabalhar no corpo a qualidade dos movimentos para pessoas que vivem em ambientes de vulnerabilidade. É um jeito bonito que ele criou pra falar de como o esporte ajuda pessoas que moram na favela, de como trabalhar o corpo pra que crie essa tecnologia do cálculo de hormônio, pra fazer uma manutenção o mais prática possível e evitar, por exemplo, a depressão que atinge muitas pessoas nesses lugares. A minha pesquisa é sobre linguagens que nascem nesses ambientes de vulnerabilidade.

Uma coisa que eu sempre falo na minha aula é que toda vez que você for jogar a bunda, toda vez que você botar a mão no joelhinho e jogar a bunda, em qualquer lugar que você esteja, você tem que agradecer àquela mulher, ou àquelas mulheres pretas que no período mais escroto de todos, quando elas eram estupradas não sei quantas vezes por dia, apanhavam, eram separadas dos seus filhos, da sua família, de seu lugar de origem, do seu Deus, de tudo, ainda assim aquelas mulheres ousaram dançar, elas seguiram dançando, dançando tanto a ponto de construir uma cultura de um país inteiro que dança e em que a dança faz essa manutenção da saúde das pessoas. Eu aprendi que a dança faz essa manutenção da saúde, faz a manutenção social. Faz aquele garoto fodido, aquela garota fodida, naquele momento da dança, naquelas 12 horas, serem protagonistas. A dança é poderosa, faz a menina ser vista, desenvolve linguagens, brilha, faz ela ter *like* no Instagram. Ela não é aquela menina que vai ter foto na lancha, mas é uma menina que tem uma habilidade tão poderosa com o corpo, que bilhões de pessoas vão ver, e querem ver, e vão aplaudir. Tudo o que eu estudo, que eu pesquiso e pratico, o que eu vivo, nasceu e se desenvolveu nesses ambientes.

Então, não é maneiro. Mas acho incrível que tantos talentos possam existir nesse contexto terrível. É muito mais interessante pra mim, entendendo quem eu sou, essa ser a minha fonte de matéria-prima, do que o artista de teatro ou TV. Eu fazia teatro na época, e faço até hoje. E essa coisa de não poder desconcentrar o ator. Pelo amor de Deus, mano, a pessoa dançou o que eu danço, no meio daquilo tudo, ela fez porque tinha que fazer. É isso que se faz nesse lugar, você segue. Então, se é pra aprender, eu quero aprender com aquela mulher de burca. Prefiro que minha referência principal seja essa, tem a ver com como eu vou desenvolver meu processo criativo porque aquela é a minha realidade.

Entendo que esse é um momento do mundo, além do momento político no Brasil, pesado, escroto, genocida. Mas eu estudo coisas que acontecem há muitos mil anos e que sempre, ou em grande parte do tempo, se desenvolveram em ambientes de hostilidade, de guerra, de escravidão, de genocídio, de matança. Não é que isso seja bonito, mas acho poderoso que uma artista consiga fazer o seu trabalho nesse ambiente. E eu sei o poder da existência e da manutenção dessa arte naquele lugar.

ID: Perfeito, era isso que eu queria saber.

SR: Um adendo: eu anotei aqui essa frase que a Isabel citou. Essa frase me bateu forte. Fez muito sentido pra mim. Olhando a sua trajetória, linkando a sua história com a *nossa* história, com a trajetória do "artista que se desenvolve na guerra"... Eu tô falando em arte, em expressão corporal. Onde nasceu o jongo? Nas lavouras de café, no trabalho, como apoio. Onde nasceram os primeiros movimentos do jazz? Nas lavouras de algodão da Virgínia. Onde nasceu o blues? Onde nasceu a capoeira?

A gente — e muitos povos de todo o mundo, mas tratando aqui da população negra —, toda vez que estava em contexto de grande sofrimento, de grande embate, de luta, o que se devolve, o que é parido, é uma grande linguagem artística. Se você for ver o samba, o jongo, o cara tá apanhando — imagina o que é isso —, o cara tá apanhando, tá sofrendo, amassando café, e ainda assim começa a dançar. O cara se desenvolver na guerra, na luta, é uma marca histórica do modo de fazer, de ser e estar, mesmo no momento mais difícil. Isso é resiliência que se transforma em arte.

Chefona mandou ler umas paradas

MF: Taísa, o Afrofunk é uma pesquisa tua, tem relação com a questão do empoderamento feminino e as práticas culturais e artísticas. Ao mesmo tempo você é considerada uma mensageira, uma "profeta". Muitas mulheres de periferia falam: "Pô, chefona falou umas paradas." O que você fala e escreve também repercute. E eu queria entender, como artista, qual o peso da palavra?

ID: Queria acrescentar. Qual é o papel da palavra na construção mesmo do seu trabalho como artista?

TM: Não consigo mais diferenciar muito as coisas. Nem sei se já teve diferença pra mim. Mas não consigo mais diferenciar ser comunicadora de ser artista, é tudo meio que a mesma coisa. Minha amiga que tem uma coluna na Mídia Ninja, pra mim, não é só jornalista, todo mundo que trabalha com comunicação e com arte nesse momento do mundo, dá tudo no mesmo. Posso tá postando no Instagram, postando vídeo, escrevendo texto, dando aula, eu tô sempre tendo a oportunidade de emitir a minha opinião como artista. Isso é uma coisa importante que tá comigo desde o Amir e do Tá na Rua. Mais que a importância da palavra, o artista tem que ter opinião. A palavra se tornou importante quando eu vi que ela definia o discurso. Escrever foi mais uma linguagem, mais uma forma de me colocar no mundo a partir dessa perspectiva. Eu escrevo como uma garota preta da periferia, danço como uma garota preta da periferia, faço teatro... E é isso.

MF: O que é discurso pra você?

TM: Isso vem muito dessa coisa do ator. O discurso pra mim é o argumento. É importante você saber sobre o que você tá falando, acredito mesmo nisso. Uma das funções do artista é comentar as coisas do mundo, é criar possibilidades de futuro, assim como falar sobre o passado. Se você escolhe um lugar de onde falar, se você tem lupa própria, você encontra seu lugar, sua voz, e se coloca melhor no mundo. Eu acho importante, simplesmente porque é o que meu ofício exige. Não tem muito como fazer de outro jeito.

Disputa de microfone

AÏCHA BARAT: Fui ler os textos do seu Medium,[10] seu Facebook, e lá você fala que já escreveu espetáculos e que tava superinteressada em escrever roteiro. Você ainda tem esse plano, de escrever teatro, ou tá mais numa de escrever para cinema e televisão?

TM: Eu tô com vontade de fazer tudo. Dentro dessa disputa de narrativa, disputa de microfone, eu tô muito a fim de fazer peça de teatro, muito a fim de fazer cinema, audiovisual, e até voltado pra internet mesmo. Colaborei como roteirista na equipe de dois roteiros. Um foi o *Quadro-negro*, um filme promovido pela Flup, pela Silvana

Bahia e pelo Bruno Duarte. E agora eu tô trabalhando com o Heitor Dhalia, da Paranoid, e tá vindo um projeto muito maneiro, não posso falar muito a respeito. É muito o que eu quero fazer.

Ao mesmo tempo que a gente tá ali, a comunidade preta, artística, sempre exigindo mais espaço, porque é muito desleal a divisão desses espaços, eu fico esperançosa de achar que cada vez a gente vai ter mais lugar pra produzir coisas sobre nós mesmos e cada vez vai ter mais gente querendo consumir essas coisas. Isso me deixa muito, muito, muito, muito, muito animada. Não imagino outro caminho pro futuro.

ID: O que você gostaria de fazer agora ou num futuro próximo? É essa escrita? O que você gostaria que fosse o seu futuro mais imediato?

TM: Os artistas que mais me interessam, que mais me inspiram, são artistas como a Carmen Luz, o Lázaro Ramos, que são multiartistas bem-sucedidos em diversas frentes ao mesmo tempo. Eu desejo ser essa artista bem-sucedida por todos os lugares onde eu passar e desejo que o Afrofunk seja um grande produtor de conteúdo que se utilize de outras linguagens que não só a dança. E quero escrever pra caramba na real.

ED: Taísa, quem é Chefona Mermo?

TM: Pô, Chefona Mermo é quem eu quero ser quando eu tiver coragem. [Risos] É tudo apelido das minhas amigas. Eu usei o nome Garota quando eu trabalhava como DJ. Um dia eu tava na macumba, numa gira do Seu Zé, e o Seu Zé falou: "Enquanto você for garota, você não vai ser mulher." Aí eu falei: "Caralho, puta que pariu, me fodeu, o Seu Zé." Fiquei desesperada com aquilo. Não quero ser garota, quero ser mulher. Sempre zoei que a minha chefe sou eu, e ficava brincando: "Chefona, Chefona." É, mano, Chefona pra mim é quem escolhe seus próprios passos, e eu quero ser essa mulher.

ED: A Taísa é um poço sem fundo. Tem muita história, é um baú maravilhoso. [Todos riem]

NOTAS

1. O Pistão Folia é uma festa itinerante de funk que existe na favela desde 2012. Um dos primeiros eventos mais profissionais de baile funk, diferente do baile comunitário, o Pistão Folia contava com uma equipe de produção estruturada, uma grande quantidade de artistas se apresentando, paredões de caixa de som e público mais numeroso.

2. FN FAL, fuzil automático de calibre 7,62.

3. Martins, Geovani. *O sol na cabeça*. São Paulo: Companhia das Letras, 2018.

4. Grupo de pagode baiano famoso por seu trio de dançarinos e coreografias com giros de cabeça, balanço de cabelos e movimentos frenéticos em que o dançarino desce até o chão, balançando os quadris para a frente e para trás em alta velocidade.

5. Boal, Augusto. *Jogos para atores e não-atores*. Rio de Janeiro: Civilização Brasileira, 1998.

6. Nas religiões afro-brasileiras, o ogã é uma pessoa de prestígio que ajuda e protege a casa de culto. Na hierarquia, ele vem logo após a Mãe e o Pai de Santo, e quando a Mãe ou o Pai de Santo estiverem em transe, os demais devem respeitar os ogãs. Além desta, o ogã tem outra importante função: cantar e tocar os atabaques para que as entidades possam trabalhar. Portanto, o ogã precisa ser conhecedor de todos os pontos e cantigas, e suas funções.

7. Itan é o termo que designa o conjunto de mitos, canções, histórias e outros componentes da cultura iorubá, passados oralmente, de geração em geração.

8. Baile funk da Vila Cruzeiro criado pelo DJ Rennan da Penha, entre outros DJs. A cada edição o baile chega a atrair uma multidão de 25 mil pessoas.

9. DRT é a sigla relativa ao registro profissional regulamentado junto ao sindicato de determinada área. Os sindicatos podem emitir certificados de registro profissional para aqueles que são reconhecidos ou podem comprovar a atuação profissional, mesmo que não tenham um diploma universitário ou técnico.

10. O Medium é uma plataforma on-line de publicação de textos.

SOBRE O ORGANIZADOR

Marcus Faustini é carioca, cria do Cesarão, em Santa Cruz, Rio de Janeiro. Sua sede por cultura motivou, desde cedo, seus constantes trânsitos e deslocamentos pela cidade do Rio de Janeiro, que resultaram no livro *Guia afetivo da periferia* (Aeroplano, 2009), em que narra suas memórias de juventude na periferia carioca. Bacharel em Teatro pela CAL, Faustini é também cineasta e criador da Agência de Redes para a Juventude, uma metodologia que desenvolve lideranças jovens de periferias do Rio e da Inglaterra com o objetivo de criarem projetos que impactem seus territórios. Com a coleção Cabeças da Periferia, Faustini se debruça sobre a produção de artistas-ativistas vindos de periferia e favela, e busca debater com eles suas criações, seu universo e seus territórios de atuação.

SOBRE OS COMENTADORES

Emílio Domingos é cineasta, cientista social, pesquisador, roteirista e produtor. Atua principalmente como documentarista. Realiza trabalhos de Antropologia Visual com foco em cultura urbana, através de pesquisas sobre funk, samba e hip hop. É mestrando no Programa de Pós-Graduação em Cultura e Territorialidades da UFF. Como diretor, realizou documentários premiados como *Favela é moda*, *Deixa na régua* e *A batalha do passinho*, entre outros.

Sinara Rúbia é escritora de livros infantis, educadora e mestranda em Relações Étnico-raciais do CEFET/RJ. É autora do livro *Alafiá, a princesa guerreira negra* (Editora Nia, 2019). Em 2020, lançou em parceria com Renato Cafuzo a coleção Griôs da Tapera. Sinara ministra diversos cursos por todo o Brasil para professores, educadores, artistas e estudantes sobre a história negra e a literatura infantojuvenil, além de ser a contadora de histórias da CUFA e atuar na Agência de Redes para a Juventude.

Isabel Diegues é diretora editorial da Cobogó. Formada em Letras pela Pontifícia Universidade Católica do Rio de Janeiro, atuou como roteirista, produtora e diretora de cinema. É a idealizadora da coleção Cabeças da Periferia. Em 2016, lançou o livro *Diário de uma digressão (Uma viagem ao sertão do Piauí da Serra das Confusões até o mar)* (Editora Cobogó), parte do Projeto Piauí, viagem que resultou em uma exposição de mesmo nome. Em 2017, lançou *Arte brasileira para crianças*, livro de atividades e brincadeiras a partir de artistas brasileiros, escrito com Mini Kert, Priscila Lopes e Márcia Fortes.

CIP-BRASIL. CATALOGAÇÃO NA PUBLICAÇÃO
SINDICATO NACIONAL DOS EDITORES DE LIVROS, RJ

M135t

Machado, Taísa

Taísa Machado, o Afrofunk e a Ciência do Rebolado
/ Taísa Machado ; organização Marcus Faustini ;
comentadores Emílio Domingos, Sinara Rúbia,
Isabel Diegues. - 1. ed. - Rio de Janeiro : Cobogó, 2020.

(Cabeças da periferia)

ISBN 978-65-5691-008-6

1. Machado, Taísa - Entrevistas. 2. Dançarinas.
3. Ativistas comunitários. 4. Mulheres artistas.
5. Favelas - Rio de Janeiro (RJ). I. Faustini, Marcus.
II. Domingos, Emílio. III. Rúbia, Sinara. IV. Diegues,
Isabel. V. Título. VI. Série.

| 20-66715 | CDD: 793.3 |
| | CDU: 793.3 |

Camila Donis Hartmann - Bibliotecária - CRB-7/6472

Nesta edição, foi respeitado o Acordo Ortográfico
da Língua Portuguesa de 1990, que entrou em vigor
no Brasil em 2009.

Todos os direitos em língua portuguesa reservados à
Editora de Livros Cobogó Ltda.
Rua Jardim Botânico, 635/406
Rio de Janeiro — RJ — 22470-050
www.cobogo.com.br

© Editora de Livros Cobogó, 2020

Editora-chefe
Isabel Diegues

Editora
Aïcha Barat

Gerente de produção
Melina Bial

Revisão final
Eduardo Carneiro

Projeto gráfico de
miolo e diagramação
Mari Taboada

Fotografia p. 8
Taísa Machado

Capa
Leticia Quintilhano

Imagem de capa
Maxwell Alexandre, *Meus manos,*
minhas minas, meus irmãos, minhas
irmãs e meus cães, da série *Pardo*
é papel, 2017/2018

Coleção Cabeças da Periferia

Cabeças da periferia: Taísa Machado, o Afrofunk e a Ciência do Rebolado

Cabeças da periferia: Jessé Andarilho, a escrita, a cultura e o território

Cabeças da periferia: Rene Silva, ativismo digital e ação comunitária

2020

1ª impressão

Este livro foi composto em Chaparral Pro.
Impresso pela Gráfica Formato 3 sobre papel offset 75g/m².